BEI GRIN MACHT SICH IHR WISSEN BEZAHLT

Bibliografische Information der Deutschen Nationalbibliothek:

Die Deutsche Bibliothek verzeichnet diese Publikation in der Deutschen National-bibliografie; detaillierte bibliografische Daten sind im Internet über http://dnb.d-nb.de/ abrufbar.

Impressum:

Copyright © 2015 GRIN Verlag, Open Publishing GmbH
Druck und Bindung: Books on Demand GmbH, Norderstedt Germany
ISBN: 978-3-668-07795-9

Dieses Buch bei GRIN:

http://www.grin.com/de/e-book/309440/darstellung-des-datingverhaltens-in-ame-rikanischen-serien-am-beispiel-how

Miriam Krusch

Darstellung des Datingverhaltens in amerikanischen Serien am Beispiel "How I Met Your Mother"

GRIN Verlag

GRIN - Your knowledge has value

Der GRIN Verlag publiziert seit 1998 wissenschaftliche Arbeiten von Studenten, Hochschullehrern und anderen Akademikern als eBook und gedrucktes Buch. Die Verlagswebsite www.grin.com ist die ideale Plattform zur Veröffentlichung von Hausarbeiten, Abschlussarbeiten, wissenschaftlichen Aufsätzen, Dissertationen und Fachbüchern.

Besuchen Sie uns im Internet:

http://www.grin.com/

http://www.facebook.com/grincom

http://www.twitter.com/grin_com

Inhalt

I. Einleitung

Sowohl für Frauen als auch Männer ist die Wahl des richtigen Partners und die damit verbundene Partnersuche eine der wichtigsten Aufgaben im Leben. Allerdings ist es ein anstrengender, langwieriger und nervenaufreibender Prozess, bis man endlich die oder den Richtigen gefunden hat, mit dem man sein Leben verbringen und alt werden möchte.

In meiner Facharbeit zum Thema „Wie wird das Datingverhalten in amerikanischen Serien dargestellt?" möchte ich dem Leser in einem ersten Schritt typische Merkmale des amerikanischen Datingverhaltens näher bringen und die dadurch entstehenden Frauen- bzw. Männerbilder analysieren.

Auch wenn wir es meist nicht glauben wollen, es uns nicht bewusst ist oder wir es schlicht leugnen, folgt unser Datingverhalten und das Werben um den potenziellen Partner einer Menge von Regeln. Diese gibt es in jedem Kulturkreis und sie sind innerhalb von sozialen und ethnischen Gruppen unterschiedlich gestaltet, folgen jedoch immer einem gewissen Grundprinzip.

Die Amerikaner haben in dem Bereich „Dating" ganz eigene Vorstellungen und Regeln, die in so genannten „Dating-Regeln" verallgemeinert werden können. Diese schreiben den Personen vor, wie sie sich in den jeweiligen Situationen zu verhalten haben, um bei einem Date und der eventuell folgenden Beziehung alles richtig zu machen. Zusammengefasst werden diese Regeln in Büchern wie z.B. „The Rules" (Rein/ Schneider, 1996), welches „eine Anleitung für Frauen [ist], wie sie sich Männern gegenüber verhalten sollen, um das Herz ihres Traummannes zu erobern". (The Rules, S. 15) Aufgrund der großen Erfolge, welches dieses Buch in den letzten Jahren nicht nur in Amerika feierte, kann man schließen, dass einige der Regeln und Anweisungen erfolgversprechend sein müssen und viele sich an die Dating-Regeln halten. Deshalb kann man anhand des Buches das amerikanische Datingverhalten sehr genau analysieren und die dadurch entstehenden Frauen- bzw. Männerbilder als kurzes Fazit ziehen.

In einem zweiten Schritt werde ich anhand der Sitcom „How I Met Your Mother" (kurz „HIMYM") das Datingverhalten von Frauen bzw. Männern in amerikanischen Serien genauer untersuchen, indem ich die beiden Charaktere „Ted Mosby" und „Robin

Scherbatsky" auf ihre Ansichten und Vorgehensweisen bei der Wahl des richtigen Partners analysiere.

In der Serie geht es um Ted, welcher im Jahre 2030 seinen Kindern die Geschichte erzählt, wie er ihre Mutter Tracy McConnell kennen gelernt hat. Der Anfang seiner Erzählung startet 2005, jedoch werden in den neun Staffeln, die HIMYM aufweisen kann, größtenteils nur über seine vorigen Verabredungen und Partnerschaften sowie die Beziehung zu seinen besten Freunden Marshall Erikson, Lily Aldrin, Barney Stinson und Robin Scherbatsky. Erst Ende der letzten Staffel lernt Ted seine zukünftige Frau kennen, verliert diese jedoch im Jahre 2024 an einer schweren Krankheit wieder.

Ted und Robin sind eher untypische Charaktere und basieren nicht in jeder Hinsicht auf Stereotypen, wie man bei vielen andern Charakteren feststellen kann. Aus diesem Grund wird es besonders interessant sein, das typisch amerikanische Datingverhalten mit dem von Ted und Robin zu vergleichen und Unterschiede aber auch Gemeinsamkeiten festzustellen.

II. Hauptteil

2.1 Das amerikanische Datingverhalten

Schon seit Jahrzehnten herrschen in Amerika unbeschriebene, jedoch sehr verbreitete Dating-Regeln, die sich mit den Jahren zwar veränderten, das Grundprinzip blieb jedoch immer ziemlich gleich. Erst mit Veröffentlichungen von Ratgebern zu diesem Thema wurden diese Regeln erstmals konkret gesammelt und aufgeschrieben. Ein Buchbeispiel, auf das Frauen schwören, ist „The Rules" (dt. Titel: „Die Kunst, den Mann fürs Leben zu finden") von Ellen Fein und Sherrie Schneider, welches 1995 erstmals veröffentlicht wurde; die Regeln galten jedoch noch immer als sehr modern und zeitnah. Im Internet findet man sehr aktuelle Rezensionen und Meinungen zu dem Buch (Amazon, 2007), was bedeutet, dass das Buch sich auch heute noch großer Beliebtheit erfreut und sich viele Menschen weltweit (das Buch wurde in 26 Sprachen übersetzt (Eisenring, 2013)) nach den Regeln und Anweisungen aus dem Buch richten und handeln. Im Buch findet man alle Regeln niedergeschrieben, die die Frau benötigt, um ihren Traummann kennen und lieben zu lernen, ihn zu heiraten und eine glückliche Ehe zu führen. Für meine Facharbeit benötige ich jedoch nur die Dating-Regeln.

Die meisten Amerikaner/innen fühlen sich mit den Dating-Regeln sehr wohl, weil alle Schritte des anderen dadurch kalkulierbar und verständlich sind. Sie müssen also nichts dem Zufall überlassen. Auch sehen sie das Dating lockerer als in vielen anderen Ländern. Sowohl der Mann als auch die Frau können beliebig vielen Partnern gleichzeitig daten, solange man nicht exklusiv mit jemandem zusammen ist („Want to go exlusive?""). Wenn man ein Date in Amerika hat, geht der Gegenüber also selbstverständlich davon aus, dass man selbst auch Andere datet und mit ihnen Geschlechtsverkehr hat (Heinzel, 2007). Aus diesem Grund kann man das Dating in Amerika und besonders in größeren Städten wie New York als einen Wettbewerb bezeichnen. Man muss dem jeweils anderen schon einiges bieten um die Konkurrenz abzuschütteln und mit dem bzw. der Auserwählten mehr als nur Datingpartner zu werden. Es kann also auch leicht passieren, dass man nach monatelangem Dating plötzlich einen Korb bekommt, da der bzw. die Andere mit jemandem anderen zusammen gekommen ist (kontaktanzeige.net).

Das erste Date sollte immer platonisch sein, findet meistens in einer Bar zwischen montags und donnerstags statt und dient dem Zweck, Informationen auszutauschen wie z.b. zu Themen wie dem Beruf, dem Bildungsgrad, dem ungefähren Einkommen, den bevorzugten Freizeitbeschäftigungen und die Einstellung zu Kindern. Es wird meist „möglichst ungezwungen ein ganzer Fragenkatalog durch[ge]arbeitet" (Heinzel, 2007). Wenn beide Seiten zufrieden mit den Informationen ihrer Gegenüber sind, bezahlt der Mann die Getränke, man verabschiedet sich, meist mit einem flüchtigen Kuss oder einer Umarmung, aber auf keinen Fall mit mehr (Fein/ Schneider, 1996 S.89) und der Mann verspricht, sich in den nächsten Tagen zu melden. Auf keinen Fall macht man direkt nach dem ersten Date den Termin für ein zweites aus, egal wie schön und zufrieden stellend es war (kontaktanzeige.net).

Das zweite Date wird vom Mann geplant und findet meistens in einem Restaurant statt (Fein/ Schneider, 1996 S.71). Immer bezahlt er die Rechnung der beiden (ebd. S. 48), da er dieses Mal auch Zärtlichkeiten erwarten darf. Meist kommt es bei dem zweiten Date noch nicht zu Geschlechtsverkehr, dies wäre jedoch möglich auch ohne, dass die Frau ihr Gesicht verliert. Wenn es bei diesem Treffen jedoch nicht einmal zu einem Kuss kommt, wird auch meist kein drittes Date vereinbart, da einer der Datingpartner nicht zufrieden ist (kontaktanzeige.net).

Spätestens beim dritten Date, welches, anders als das erste und zweite, auf jeden Fall an einem Samstag stattfinden sollte, rechnet besonders der Mann mit Geschlechtsverkehr, allerdings sind die meisten Frauen zu diesem Zeitpunkt noch nicht bereit dafür. Bei all diesen drei Dates und auch darüber hinaus wird empfohlen, Themen wie frühere

Beziehungen, Hochzeiten, Kinder bekommen und Zukunft zu vermeiden, da man sonst den Gegenüber verunsichern und in eine Ecke drängen könnte (Fein/ Schneider, 1996 S.75).

2.1.1 Datingverhalten von Frauen

2.1.1.1 Datingverhalten einer Frau

Besonders für Frauen ist die Suche nach dem oder der Richtigen ein wichtiger Bestandteil im Leben. Und damit dieser Weg besonders einfach und ohne große Komplikationen abläuft und am Ende jede glücklich mit einer perfekten Ehe bzw. langjährigen Beziehung ist, gibt es zahlreiche Regeln und Liebesratgeber wie „The Rules". Dieses Buch schreibt Frauen durch spezifizierte Regeln vor, wie sie sich in Sachen Liebe, Dates und Beziehungen zu verhalten habe, um „das beste, schier unerreichbare Ergebnis zu erzielen - Ihr Traummann macht Ihnen einen Heiratsantrag" (Fein/ Schneider, 1996, S.25).

Das erste, was eine Frau machen sollte, ist „ihr Äußeres auf Vordermann" zubringen, sich gesund mit vielen „Proteinen, Obst und Gemüse" (ebd. S.25) zu ernähren und Sport zu machen. Außerdem sollten Frauen schlechte Gewohnheiten, wie Unordentlichkeit ablegen, sich modisch, verführerisch und feminin kleiden und sich dezent und gekonnt schminken (ebd. 1996 S.26f). Knapp zusammengefasst: „Je besser Sie aussehen, desto besser fühlen Sie sich und desto begehrenswerter werden Sie für ihn." (ebd. S.25).

Frauen wird empfohlen, dass sie generell nie den ersten Schritt auf einen Mann zumachen sollen, da diese sowohl beim Dating als auch in der späteren Beziehung die Führung übernehmen sollen (ebd. S.99). Dieses beinhaltet, dass sie niemals den Mann zuerst ansprechen oder ihn um einen Tanz bitten (ebd. S.36 u. 40), ihn nicht nach seiner Telefonnummer fragen und ihn nicht anrufen, sondern höchstens zurückrufen dürfen (ebd. S.50). Außerdem sollten Frauen es den Männern überlassen, bei den ersten Dates Fragen zu stellen (ebd. S.33) und auf diese aufrichtig antworten, jedoch geheimnisvoll auftreten (ebd. S.110), indem sie nicht gleich alles über sich preisgeben, nicht mit den beruflichen Erfolgen prahlen und nicht zu viel reden (ebd. S.45).

„Ein Mann verliebt sich in Ihr Wesen und nicht in etwas, was Sie gesagt haben." (ebd. S.45)

Auch sollte eine Frau, um bei den Männern begehrter zu wirken, sowohl ein Telefonat nach zehn Minuten (ebd. S.56) als auch ein Date nach drei bis fünf Stunden (ebd. S.79) immer als Erstes beenden, um dem Gegenüber zu demonstrieren, wie beschäftigt sie ist. Die Regel 7 (ebd. S.63) schreibt Frauen vor, dass sie nach Mittwoch keine Einladungen mehr für Samstagabend annehmen, da der Mann sich rechtzeitig um ein Date kümmern sollte und „das Rendezvous ohne [...] Hilfe auf die Beine stellen" muss (ebd. S.65), wenn er wirklich an einem Date mit der Frau interessiert ist. Außerdem sollte die Frau für ihn nicht häufiger als ein, maximal zweimal die Woche zur Verfügung stehen (ebd. S.85), damit der Mann nicht den Eindruck hat, die Frau hat keine Termine und er könnte sie somit als „Notlösung" benutzen.

Außerdem sollte die Frau ihm nicht sofort alle persönlichen Problemen und Geheimnisse anvertrauen (ebd. S.105), da Männer in diesem Punkt häufig anders denken als das weibliche Geschlecht und mit der Wucht an neuen Informationen nicht direkt klar kommen könnten. Als Frau sollte man sich also lieber zuerst zurückhaltend und ruhiger präsentieren, über seine Witze lachen und sich damenhaft, charmant und unkompliziert verhalten (ebd. S.45 u. 72). Wenn die Frau am Anfang alles überstürzt, könnte der Mann sich eingeengt und überrumpelt fühlen, sodass es passieren kann, dass er sich zurückzieht. Aus diesem Grund ist auch eine der goldenen Regeln beim amerikanischen Dating, dass die Frau niemals zuerst „Ich vermisse dich" oder „Ich liebe dich" sagt (ebd. S.99). Sie macht sich verletzlich und nimmt den Männern den Freiraum, den sie meistens benötigen, um sich über ihre Gefühle im Klaren zu werden. Als Frau sollte man dem Mann zwar die Führung überlassen, jedoch sollte man sie indirekt kontrollieren können.

„Männer sind dazu geboren, sich an Herausforderungen zu messen. Nimmt man ihnen die Herausforderung, schwindet ihr Interesse." (ebd. S.17).

Die Idee dahin ist also einfach wie genial: „Wir müssen für sie zur Herausforderung werden." (ebd. S.17), indem die Frau dem Mann das Gefühl gibt, dass sie unerreichbar für ihn ist. Die Frau muss den Mann den sie will also behandeln, wie einen, den sie nicht will (ebd. S.24). So einfach und banal das Konzept zuerst für viele Frauen klingen mag, in der Ausführung muss man einiges beachten, sodass die konsequente Einhaltung und Durchführung der Regeln, so berichten Leserinnen, sehr anstrengend und nervenaufreibend sein kann.

2.1.1.2 Entstehendes Frauenbild

Durch dieses amerikanische Datingverhalten und die dadurch resultierenden Dating-Regeln entsteht bei uns Nicht-Amerikanern ein sehr bestimmtes Frauenbild.

Laut dem Buch „The Rules" ist es die Lebensaufgabe jeder Frau, ihren Traumpartner dazu zu bringen, sie zu heiraten und dann ein ganzes Leben lang glücklich mit diesem zusammen zu sein. Dafür sollte eine Frau möglichst viele Männer kennen lernen und sich nicht sofort an einen binden. Auch muss sie einiges in Kauf nehmen, auch mal auf Spaß verzichten und ihre Triebe unterdrücken, um dieses Ziel zu erreichen. „Sie wollen nicht ein Rendezvous ergattern, sondern einen Ehemann!" (Fein/ Schneider, 1996 S.52f)

Auf der einen Seite soll die Frau dem Mann die Führung überlassen und darauf hoffen, dass dieser die Sache in die Hand nimmt. Dieses Prinzip geht aus der Tierwelt hervor, da auch dort das Männchen das Weibchen jagt. Außerdem ist die Frau dem Mann schon immer untergeordnet gewesen, sodass sich dieses Phänomen auch beim Dating wieder finden lassen sollte. Auf der anderen Seite sollte die Frau für den Mann unnahbar erscheinen, sodass diese zu einer Herausforderung für ihn wird, welcher er nachgehen will.

Zusammenfassend kann man also sagen, dass die Frau dem Mann solange nicht vollständig zur Verfügung stehen soll, bis dieser um ihre Hand angehalten hat (Hegmann 2004, S.17).

2.1.2 Datingverhalten von Männern

2.1.2.1 Datingverhalten eines Mannes

Nicht nur Frauen opfern viel Zeit für Dating, sondern auch die meisten Männer setzen einiges daran, die Frau fürs Leben zu finden. Ähnlich wie die Frauen, versucht auch das männliche Geschlecht mit der Einhaltung der Dating-Regeln alles richtig zu machen.

Sehr allgemeine Regeln in Amerika besagen, dass der Mann sich nicht wie ein Trottel benehmen sollte und ein „Nein" der Frau auch als ein „Nein" respektieren sollte. Auch darf er nie und in keiner Weise Druck auf die Frau ausüben, ganz egal um welches Thema es geht (Hegmann 2004). Männer sollten also „immer und jederzeit respektvoll mit ihr um[gehen]" (Fein/ Schneider, 1996 S.17) und sie zu nichts drängen, wozu sie noch nicht bereit ist.

Eine der goldenen Regeln beim amerikanischen Dating ist, dass der Mann immer bei allem den ersten Schritt machen muss. Er spricht die Frau, die ihm gefällt, an und fragt sie nach ihrer Handynummer. Er verspricht sie anzurufen, jedoch auch nur dann, wenn er es wirklich vorhat, denn alles andere ist unhöflich und respektlos. Außerdem ruft er die Frau an, wenn er zum Beispiel mit ihr reden oder ein Date mit ihr ausmachen möchte. Dieses organisiert der Mann nach seinen Vorstellungen, jedoch sollte er versuchen einen Ort auszuwählen, am dem man sich gut unterhalten kann, anders als zum Beispiel im Kino (eHarmony). Um seine guten Manieren von Anfang an unter Beweis zu stellen, sollte er die Frau für das Date von Zuhause abholen (Fein/ Schneider,

1996 S.47) und darauf achten, dass er die Führung des Gespräches übernimmt und es in die richtigen Bahnen leitet, doch auch aufmerksam zuhören, was sein Gegenüber erzählt. Am Ende jedes Dates, das bestmöglich vom Mann beendet wurde, bezahlt dieser selbstverständlich die Rechnung, auch wenn diese schnell die 100$ übersteigen kann (Hegmann 2004 S.16).

Obwohl beim ersten Date keine Zärtlichkeiten ausgetauscht werden sollten, wird dem Mann empfohlen, immer auszuprobieren, wie weit er bei der Frau gehen kann und sollte deshalb versuchen sie zu küssen. Wenn die Frau es verweigert, sollte er es jedoch respektieren und sie bei der zweiten Verabredung, welche auch er in die Wege geleitet hat, versuchen zu küssen, denn ansonsten könnte es nicht zu einem dritten Treffen kommen (kontaktanzeigen.net).

Regeln, die in andere Richtungen gehen, jedoch gerade in Amerika auch sehr hilfreich sein können, sind, dass man niemals mit einer stark angetrunkenen Person schläft, denn dies kann ein schlimmes strafrechtliches Erwachen nach sich ziehen. Allgemein muss besonders der Mann vor dem Geschlechtsverkehr eine 100% klare Einverständnis haben, da es sonst eventuell zu einer Strafanzeige wegen „Date rape" kommen kann, welche in Amerika sehr schwer bestraft wird.

2.1.2.2 Entstehendes Männerbild
Ähnlich wie bei den Frauen, entsteht durch dieses amerikanische Datingverhalten des männlichen Geschlechtes und die Einhaltung der Dating-Regeln bestimmte Männerbilder.

Männer sind und waren schon immer das stärkere Geschlecht. Das war schon vor tausenden Jahren so und hat sich auch mit der Zeit kaum geändert. Aus diesem Grund ist es auch heutzutage noch die Aufgabe des Mannes die Führung zu übernehmen und alles in die richtigen Bahnen zu lenken. Auch bei dem amerikanischen Dating sollte dies der Fall sein. Aus diesem Grund muss der Mann den ersten Schritt machen, egal ob es das Ansprechen, das Anrufen oder ähnliches betrifft. Jedoch sollte er trotz dieser Macht die Wünsche und Bedürfnisse der Frau nicht vernachlässigen, sie jederzeit respektvoll behandeln und sie zu nichts drängen, wozu sie noch nicht bereit ist. Außerdem sollte ein Mann niemals gierig oder bedürftig wirken.

2.2 Datingverhalten in Serien am Beispiel von „HIMYM"

Sowohl Männer als auch Frauen werden in Serien und Sitcoms sehr stereotypisch und geschlechterorientiert dargestellt. Dieses wirkt sich auch auf deren Verhalten aus, sodass auch das dargestellte Datingverhalten in viele dieser Medien ähnlich anläuft. Frauen werden im Allgemeinen häufig als die „romantisch Verträumten" dargestellt. Sie stellen „sich feminin [...] und träum[en] von Liebe, Eheschließung und Familiengründung" (Wenger 2000, S.152). Aus diesem Grund sind deren Handlungsmotive auch oftmals „Mütterlichkeit bzw. Fürsorglichkeit", „Liebe" und „Zuneigung" (ebd. S.179). Auch sind die weiblichen Figuren „der männlichen Rollenpartner nachrangig zugeordnet" (ebd. S.157), was sich auch schon bei dem Datingverhalten der Frauen feststellen lassen sollte.

Ganz anders wird das männliche Geschlecht in Serien dargestellt. Fast immer ist dieser seiner weiblichen Rollenpartnerin übergeordnet (ebd. S.179). Deutlich wird dies zum Beispiel durch die Herstellung von Beziehungen, denn „die Fernsehmänner [führen] nahezu doppelt so viele Aktionen aus, um eine Beziehung zum anderen Geschlecht herzustellen als Fernsehfrauen" (ebd. S.198). Häufig geschieht dies durch verbale Äußerungen, wie das direkte Ansprechen oder durch Einseitige Berührungen, wie das Festhalten am Arm. Dadurch wir auch wieder eine gewisse Dominanz des Mannes deutlich (ebd. S. 198ff).

In der Sitcom „How I Met Your Mother", wird das amerikanische Leben anhand von fünf besten Freunden, die in New York leben, dargestellt. Der Zuschauer bekommt Einblicke in deren Leben mit allen Höhen sowie Tiefen, ihren Freundschaften, Beziehungen und Krisen, auch untereinander. Die Charaktere „Robin Scherbatsky" und „Ted Mosby" stehen in gewissen Bereichen im Gegensatz zu den stereotypischen Charakteren. Ihr Verhalten ist oftmals nicht sehr geschlechterorientiert, was sich auch auf ihr Datingverhalten auswirkt.

2.2.1 Datingverhalten von Frauen am Beispiel von „Robin Scherbatsky"

„Destined? Aren't you tired of waiting for destiny, Ted? Isn's it time to make your own destiny?" – Robin Scherbartsky: Staffel 7, Folge 18

Robin Scherbatsky, eigentlich Robin Charles Scherbatsky Jr., ist vom Charakter her oftmals eher wie ein Mann. Dies könnte daran liegen, dass sie bis zu ihrer Pubertät von ihrem Vater wie ein Junge behandelt wurde, da dieser sich einen gewünscht hatte. Aus diesem Grund hat sie auch ihren eher männlich anmutenden Namen. Dem Einfluss dieser Erziehungsmethoden hat sie wahrscheinlich auch einige ihrer „männlichen Gewohnheiten" zu verdanken: sie raucht Zigarren (S01/F14 06:10), steht auf Eishockey (S05/F01 06:50), liebt Scotch (S01/F01 8:50) und ist absolut Waffennärrisch (S03/F16 00:10). Auch hat sie eine ausgeprägte Abneigung gegenüber Kindern und Romantik und möchte deshalb niemals heiraten, geschweige denn Kinder bekommen (S01/F02 16:25 u. S07/F12 02:05), was eher untypisch für Frauen ist. Da in ihrem Leben ihr Beruf und die Karriere an erster Stelle stehen, haben Männer und Beziehungen meistens keinen Platz. Im Buch „The Rules" werden Frauen jedoch dargestellt, als wäre die Hochzeit das einzig wahre Ziel im Leben jeder Frau. Robin verhält sich, um es anfänglich zusammenzufassen, also meist nicht wie eine typisch amerikanische Frau, hat also oftmals eine andere Denkweise und hat sich andere Ziele im Leben gesteckt.

Direkt in der ersten Folge der Serie lernt Robin Ted und somit auch die anderen drei der Gruppe, Lily Aldrin, Marshall Erikson und Barney Stinson, kennen. Nach einem kurzen Gespräch über Themen wie Robins Job, lädt Ted sie zu einem Date am nächsten Abend ein und Robin sagt, ohne sich an die Regel 7 in „The Rules" zu halten, („Nehmen Sie nach Mittwoch keine Einladungen mehr für Samstagabend an") zu.

Nach diesem ersten Date lädt sie Ted indirekt zu sich in die Wohnung ein, wo beide, nach kurzem Umweg, auch landen. Dieses sollte eine Frau, laut „The Rules" und anderen amerikanischen Dating-Regeln, jedoch unbedingt vermeiden, da sie sonst für den Mann keine Herausforderung mehr ist und meist für eine dauerhafte Beziehung für den Mann nicht mehr in Frage kommt. In Robins Wohnung fragt sie ihn, ob er etwas Gin trinken möchte (S01/F01 14:50), was Ted als eine Art Abfüllversuch entlarvt. Robins Verhalten ist untypisch für eine Frau, da normalerweise den Männern nachgesagt wird, dass diese mit Alkohol versuchen, Frauen zu verführen. Die Beiden sind in guter Stimmung, sodass Ted herausrutscht, dass er Robin liebt (16:00). Daraufhin ist diese total verwirrt, schon fast hysterisch und versteht nicht, wie sich bei Ted in dieser kurzen Zeit derartige Gefühle entwickelt konnten. Dieses Verhalten ist untypisch für eine Frau. Die meisten würden sich wahrscheinlich geschmeichelt fühlen, dass sie es geschafft haben, einen Mann innerhalb weniger Stunden zu verführen und für sich zu gewinnen. Nach diesem mehr oder weniger misslungenem Date verabschieden sich die Beiden mit einem Händeschütteln, jedoch hätte Ted sie küssen dürfen, wenn er es versucht hätte. Dieses widerspricht gegen eine der wichtigsten Regeln beim amerikanischen Dating: Gewähre dem Mann beim ersten Date nie mehr als eine Umarmung.

Ihre unromantische eher männliche Seite kommt häufig in der Serie zum Vorschein. Ein Beispiel dafür findet sich in der ersten Staffel Folge 22, in der Ted mit einem Streichorchester und in einem Anzug in Robins Wohnung steht, in den ganzen Raum Rosen gestellt hat und ihr seine Liebe gesteht. Robin jedoch ist total verwirrt, weiß ihre Gefühle nicht einzuordnen und flüchtet auf die Toilette. Jede andere Frau, laut „The Rules", wäre vor Freunde in die Luft gesprungen. Ein Mann, den die Frau auch begehrt, steht, obwohl er bereits einmal einen Korb bekommen hat, mit Blumen und Streichern vor einem und gesteht seine Liebe.

2.2.2 Datingverhalten von Männern am Beispiel von „Ted Mosby"

"I'm in love with her, okay? If you're looking for the word that means caring about someone beyond all rationality and wanting them to have everything they want, no matter how much it destroys you, it's love, and when you love someone, you just, you don't stop, ever." - Ted Mosby: Staffel 9, Folge 17

Theodore Evelyn Mosby, der von allen nur Ted genannt wird, ist der Protagonist und Erzähler der Sitcom. Im Jahre 2030 erzählt er seinen Kindern Penny und Luke detailliert, wie er ihre Mutter, Lucy McCollins, kennen und lieben gelernt hat und startet mit seiner Geschichte im Jahr 2005.

Ted ist, anders als die meisten Männer, ein hoffnungsloser Romantiker und glaubt an die große Liebe. So fassen ihn nicht nur seine Freunde auf, sondern auch die Zuschauer der Sitcom bewerten ihn ganz klar als Beziehungstyp mit den Eigenschaften „zärtlich und einfühlsam", „treu" und „romantisch". Das wird durch die Umfrage, die Daniel Hägele mit 240 Freiwilligen durchgeführt hat und in seinem Buch „Die Wahrnehmung und Inszenierung der Männlichkeit in der Sitcom ‚How I Met Your Mother'" von 2013 veröffentlicht hat, deutlich (S. 73). Aufgrund dieser Eigenschaften wird er auch von Zuschauern als „der Unmännlichste", der drei männlichen Charaktere in „HIMYM" eingestuft (S.76f). Seine Ziele im Leben sind ganz klar, die Frau fürs Leben zu finden, diese zu heiraten und Kinder mit ihr zu bekommen (S01/F02 16:55) und da einige Frauen wie zum Beispiel Robin, mit der er mehrere Male eine Beziehung eingeht, komplett andere Vorstellungen vom Leben haben, scheitern diese Beziehungen häufig.

Gleich in der ersten Folge verloben sich Teds bester Freund Marshall Erikson mit seiner langjährigen Freundin Lily Aldrin, woraufhin Ted Panik bekommt und befürchtet, dass er nie die Frau fürs Leben finden wird. Daraufhin versucht er krampfhaft, Frauen in seiner Stammkneipe MacLauren's zu treffen und lernt dabei auf Anhieb eine junge Frau kennen, mit der er sich auch einige Zeit angeregt unterhält. Jedoch macht er, laut den amerikanischen Dating-Regeln einen großen entscheidenden Fehler, indem er bei ihrem Gespräch fast durchgängig von der Hochzeit seiner besten Freunde und später auch von seiner eigenen redet (03:40). Laut „The Rules" (S. 75) ist dies einer der schwerwiegendsten Fehler, die man bei den ersten Dates machen kann. Ansprechen sollte dies zwar immer der Mann, damit er die Führung behält, jedoch nicht bei dem ersten Aufeinandertreffen.

Nachdem ein Date zwischen den beiden nicht zustande kommt, ist er nicht etwa betrübt und hält sich für den Abend zurück, sondern sucht sich, ganz nach dem amerikanischen Datingverhalten, sofort eine neue Bekanntschaft. Diese findet er in der hübschen Kanadierin Robin Scherbatsky, in die sich Ted auf den ersten Blick verliebt. Dieses Verhalten ist sehr untypisch für das amerikanische männliche Geschlecht, da diese normalerweise eine Frau, die ihnen gefällt, ansprechen und dann, nach vielen Dates und Gesprächen, feststellen, ob sie ihnen gefällt und ob sie sich eine Beziehung vorstellen können. Ted jedoch ist sofort wie vom Blitz getroffen und stellt sie sich schon als seine Ehefrau vor. (05:50 „Es war wie eine Szene aus einem alten Film. Wenn der Seemann zum ersten Mal seine Herzensdame erblickt [...] sagt: ‚Siehst du die Kleine da?! Die heirate ich eines Tages!'")

Robin und Ted beginnen ein Gespräch, indem sie über belanglose Dinge wie Robins Job reden und bereits nach kurzer Zeit bittet Ted sie um ein Date am Abend. Dieses ist eher untypisch für amerikanisches Dating, da beide normalerweise Telefonnummern austauschen und sich der Mann innerhalb einiger Tage meldet, um ein Date zu arrangieren. Ihr Rendezvous in einem Bistro verläuft sehr gut (07:50), sie reden und lachen viel, was eine Person, die auf die amerikanischen Regeln schwört, damit begründen würde, dass Ted einen sehr passenden Ort für das erste Date ausgesucht hat.

Untypisch ist Teds Verhalten nach dem Date, da er Marshall und Lily erzählt, dass Robin die zukünftige Mrs. Mosby sein wird und all die Eigenschaften besitzt, die er sich für seine Traumfrau schon immer gewünscht hat (08:50). Normal ist bei Männern sowie Frauen in Amerika eigentlich, dass sie viele Personen gleichzeitig und meist lange daten, bis sie sich sicher sind, dass es für eine Beziehung mit der Person reicht. Auch erzählt er seinen besten Freunden, dass er Robin nicht geküsst, es nicht mal versucht hat (10:20), weil der Kuss mit seiner eventuell Zukünftigen etwas ganz besonders sein soll. Durch dieses Verhalten wird auch wieder deutlich, wie romantisch veranlagt Ted ist. Nachdem seine Freunde ihn überzeugen konnten, dass er sie hätte küssen sollen, beschließt er noch einmal zu ihr zu fahren. Auf dem Weg dahin, klaut er für Robin das „blaue Horn" (13:00), welches in dem Bistro ihres ersten Dates hing und Robin derart gefallen hat, dass sie den Wunsch geäußert hat, dieses zu besitzen (09:50). Bei ihr in der Wohnung scheint es zwischen den beiden zu funken, bis Ted ein „Ich liebe dich" rausrutscht. Laut „The Rules" ist „beim Nachtisch [...][die] Liebe gestehen" (S. 71) das wahrscheinlich schlimmste und verkehrteste, was sowohl die Frau als auch der Mann bei den ersten Dates machen kann.

In der Folge 14 der ersten Staffel lernt Ted auf einer Hochzeit Victoria kennen, mit der er nach einigen Hürden auch zusammen kommt. Dieser ist es jedoch wichtig, mit dem Geschlechtsverkehr zu warten, da sie sich ihrer Meinung nach kaum kennen (01:10). Ted respektiert, anders als es viele andere Männer getan hätten, den Vorschlag und drängt sie zu nichts, wozu sie noch nicht bereit ist.

Ted hoffnungslos romantische Seite kommt sehr häufig in den neun Staffeln zum Vorschein. Ein gutes Beispiel dafür ist das Staffelfinale der ersten Staffel, in der er Robin ein weiteres Mal seine Liebe gesteht. Jedoch tut er dies nicht auf alltägliche Weise, sondern beschmückt Robins komplettes Wohnzimmer mit roten Rosen, kauft Pralinen und organisiert ein Streichorchester, welches ausschließlich aus blauen Instrumenten besteht (04:20). Seine Angebetete ist von dem Aufwand jedoch nicht begeistert und stimmt einer gemeinsamen Zukunft deshalb nicht zu. Obwohl Ted sich vor dem Liebesgeständnis geschworen hat, dass es das letzte Mal sein wird, dass er um Robin kämpft, überlegt er sich nach der Abfuhr einen weiteren Weg mit Robin zusammen zu kommen. Er gibt also nie auf, um seine Liebe zu kämpfen, was laut den amerikanischen Dating-Regeln eher untypisch ist. Diese besagen eher, dass man sich eine neue Frau suchen soll, wenn sich die Angebetete nicht für einen interessiert.

III. Fazit: Vergleich des amerikanischen Datingverhaltens mit dem dargestellten in „HIMYM"

In meiner Facharbeit habe ich mich sowohl intensiv mit dem amerikanischen Datingverhalten von Frauen bzw. Männern als auch mit dem Datingverhalten, das in der Sitcom „How I Met Your Mother" dargestellt wird, am Beispiel der Charaktere „Ted Mosby" und „Robin Scherbatsky", beschäftigt. Obwohl dieses Serienbeispiel, ähnlich wie viele andere dieses Genres, sehr auf Stereotypen und Vorurteilen sowohl bei den Charakteren als auch der Handlung und den Geschehnissen baut, verhalten sich

Ted und Robin in Sachen Liebe, Dates und Beziehungen oft nicht geschlechtertypisch und nach stereotypischen Vorbildern. Wie bereits in der Facharbeit angedeutet, entspricht deren Datingverhalten nicht unbedingt den typisch amerikanischen Normen und beide weisen Charakterzüge auf, die man eher bei typischen Beispielen des jeweils anderen Geschlechtes vorfinden kann.

Robin verhält sich, besonders bei dem Thema Dating sowie Liebe eher wie die männlichen Vertreter Amerikas. Neben ihren teilweise männlichen Charakterzügen kann sie sich für ihre Zukunft niemals eine Ehe sowie Kinder vorstellen. Auch beschwert sie sich, wenn etwas zu romantisch gestaltet und geplant wurde, was nicht dem typisch amerikanischen Datingverhalten einer Frau gleicht. Dieses wird dargestellt, als warte jede Frau nur darauf, ihrem Traummann über den Weg zu laufen und ihn heiraten zu können. Auch solle sich eine Frau geehrt fühlen, wenn ein Mann sie begehrt und sich trotz Abfuhren nicht davon abhalten lässt, zu kämpfen. Stereotypisch sind es eher die Männer, die Gefühle nicht wahrhaben wollen, sich vor diesen sträuben und keine Bindungen eingehen möchten.

Jedoch auch Ted Mosby kann diesem Klischee nicht gerecht werden. Er ist ein heilloser Romantiker und passt somit nicht wirklich in das typisch amerikanische Bild eines Mannes. Dieser sollte Mut, Dominanz und Stärke zeigen und nicht direkt am ersten Abend einer Frau Liebesschwüre ins Ohr flüstern. Der amerikanische Mann sollte bei dem ersten Date lediglich überprüfen, ob die Frau anhand Äußerlichkeiten und dem Auftreten für eine Beziehung in Frage käme und erst bei weiteren Dates wird festgestellt, ob sich eventuelle Sympathien entwickeln könnten. Ted allerdings verliebt sich meist innerhalb weniger Stunden in die Partner und erträumt sich eine gemeinsame Zukunft. Dieses Denken wird oftmals jedoch eher den Frauen zugeschrieben, sodass auch Ted bei seinem Datingverhalten teilweise auch weibliche Züge vernehmen kann.

Alles in allem kann man also sagen, dass Ted und Robin nicht unbedingt das in Amerika als typisch dargestellte Datingverhalten aufweisen und sich beide oft geschlechteruntypisch verhalten. Dieses Fazit kann jedoch nicht auf allgemein alle Charaktere der Sitcom und erst Recht nicht auf Charaktere aller Sitcoms übertragen werden, da es lediglich ein dargestelltes Beispiel ist.

Literaturverzeichnis

Bücher/Zeitschriften:
- Fein, E., Schneider, S.: Die Kunst, den Mann fürs Leben zu finden. Piper, München 1996
- Hängele, D: Die Wahrnehmung und Inszenierung der Männlichkeit in der Sitcom „How I Met Your Mother". Disserta Verlag, Hamburg 2013.
- Hegmann, E.: Dating-Regeln – So finden und fesseln Sie die große Liebe. Wilhelm Goldmann Verlag, München 2004
- Wenger, E.: Wie im richtigen Fernsehen- Die Inszenierung der Geschlechter in der Fernsehfiktion. Verlag Dr. Kovač, Hamburg 2000

Internetquellen:
- Amazon.com: All the Rules: Time-tested Secrets for Capturing the Heart of Mr. Right [online] 01.01.2007
http://www.amazon.com/gp/product/0446618799?ie=UTF8&n=283155&ref_=dp_prod desc_0&s=books&showDetailProductDesc=1#iframe-wrapper 15.02.2015
- EHarmony Staff: 10 First Date Tips Just For Men [online]
http://www.eharmony.com/dating-advice/dating-tips-men/10-first-date-tips-just-for-men/#.VQighI6G8pa 07.03.15
- Eisenring, Y.: Der härteste Datingratgeber „The Rules" im Selbsttest [online] 15.02.13
http://www.annabelle.ch/liebe/dating-sex/h%C3%A4rteste-dating-ratgeber-%C2%ABthe-rules%C2%BB-im-selbsttest-20921 21.02.15
- Heinzel, S.: Das war so nicht verabredet! [online] 07.10.2007
http://www.tagesspiegel.de/zeitung/das-war-so-nicht-verabredet/1061296.html 22.02.15
- Kontaktanzeige.net: Dating Rules: Amerikanische Dates verstehen [online]
http://blog.kontaktanzeigen.net/dating/3438-dating-rules-amerikanische-dates-verstehen-lernen.php 21.02.15

Film/Serie:
How I Met Your Mother: R.: Pamela Freyman, Drehbuch: Craig Thomas, Carter Bays. Los Angeles, USA 2005-2014, Fernsehserie. Fassung: DVD